Les rayons de miel

Gilles Tibo
D'après une idée de Joane Allard

Illustrations : Stéphane Jorisch

ELIMINÉ

Lis l'histoire des trois oursons
pour savoir tout ce qu'ils devront
franchir avant de trouver
des rayons de miel.

ERPI
ÉDITIONS DU RENOUVEAU PÉDAGOGIQUE INC.

5757, RUE CYPIHOT, SAINT-LAURENT (QUÉBEC) H4S 1R3
TÉLÉPHONE : (514) 334-2690   TÉLÉCOPIEUR : (514) 334-4720
erpidlm@erpi.com   www.erpi.com

Catalogage avant publication
de Bibliothèque et Archives nationales du Québec
et Bibliothèque et Archives Canada

Tibo, Gilles

    Les rayons de miel
    (Pastille. Série bleue ; n° I)
    Pour enfants de 7 ans.

    ISBN 978-2-7613-2360-4

    I. Jorisch, Stéphane. II. Titre. III. Collection.

PS8589.I26R39 2007   jC843'.54   C2007-940515-0
PS9589.I26R39 2007

Éditrice : Monique Daigle
Directrice artistique : Hélène Cousineau
Conception graphique
et édition électronique : natalicommunication design

Dépôt légal — Bibliothèque et Archives nationales du Québec, 2007
Dépôt légal — Bibliothèque et Archives Canada, 2007

Imprimé au Canada   1234567890 EMP 0987
ISBN 978-2-7613-2360-4   11000   PSM16

Table des matières

Les rayons de miel

Au réveil des oursons.......................... 4

Le grand rocher................................. 6

Un plan secret................................ 8

À la clairière................................. 12

Un autre message.............................. 15

De beaux rêves............................... 17

Questions.............. 18

Message secret...................... 19

Au réveil des oursons

Le soleil du printemps réchauffe la forêt.
Cachés au fond de leur tanière,
Coucou, Chocolat et Charbon se réveillent.

— J'ai dormi toute la nuit, dit Coucou.
— Je me suis réveillé une seule fois,
marmonne Chocolat.
— Moi, j'ai faim, ajoute Charbon.

Les trois oursons quittent
leur tanière en bâillant.

— Que se passe-t-il ? demande Charbon.
J'ai de la difficulté à bouger !
On dirait que mes vêtements ont rétréci
pendant la nuit !
— Les miens aussi, dit Chocolat.
Regardez mon pantalon !
— Et les manches de mon chandail !

Perchée sur une branche,
Noiraude la corneille observe
les trois oursons.
— Croa, croa, dit-elle.
Ce ne sont pas vos vêtements
qui ont rétréci...
C'est vous qui avez grandi.
— Nous avons grandi ?
Nous avons grandi ?

Le grand rocher

Ensemble, les trois oursons se précipitent
vers le grand rocher
où ils avaient indiqué leur taille.

Chocolat pose sa tête près de la marque
qu'il avait laissée le printemps dernier.
— Regardez comme j'ai grandi !

À tour de rôle, les oursons vérifient.
Chacun a beaucoup grandi.

— C'est pour cela que j'ai si faim ! s'exclame
Charbon.
Que diriez-vous de manger des rayons de miel,
tout sucrés, tout dorés ?

En criant de joie, Chocolat et Coucou
se précipitent dans la tanière.
Ils reviennent avec un plan secret.

L'un derrière l'autre, les trois oursons s'élancent
sur le sentier qui mène à la ruche.

Un plan secret

Le plan indique qu'ils doivent...

- Faire 100 pas.
- Tourner à droite au premier ruisseau.
- Marcher dans l'eau jusqu'à la roche magique.
- Descendre la montagne en comptant jusqu'à 60.

CRIC... CRAC...
Les trois oursons entendent des bruits étranges.
Soudain, BANG ! BANG !
Des coups de feu retentissent.

Charbon, le plus peureux, se cache
sous un arbuste rempli de baies sauvages.
Au moment où il ouvre la bouche
pour avaler des baies, Chocolat s'écrie :
— Attention, ces baies ne sont pas bonnes à manger !

BANG ! BANG !
Deux autres coups de feu retentissent.
Charbon grimpe sur un arbre
pour se cacher.
Il est tellement énervé qu'il glisse
et tombe sur le dos.

— J'ai une idée, dit Coucou.
Nous allons nous camoufler.
Ainsi, nous pourrons nous rendre à la ruche.

En vitesse, les trois oursons se couvrent
de fougères, d'écorce et de mousse.
Ils poursuivent leur route
en suivant les indications du plan.

— J'ai faim, soupire Chocolat.
— Moi aussi...
— Moi aussi...

À la clairière

Après quatre heures de marche,
les oursons arrivent enfin à la clairière.
Une ruche se balance sous la branche d'un chêne.
Un message est caché entre les racines de l'arbre.

Chocolat déroule le message.

« Chers oursons, ne détruisez pas notre ruche.
Nous avons caché des rayons de miel tout près d'ici.
Vous n'avez qu'à suivre ces indications
pour les trouver. »

- Faire 3 pas de loup vers le nord.
- À gauche, faire 6 bonds de sauterelle qui recule.
- Faire 2 sauts de grenouille à droite.
- Faire 2 tours sur soi, repérer le rocher.
- Contourner le rocher lentement, et trouver les rayons.

Les trois oursons essaient de suivre les indications.
Ils font des pas de loup, des bonds de sauterelle
et des sauts de grenouille.
Mais ils ne trouvent pas les rayons de miel.

Un autre message

Après deux heures de recherche,
Chocolat s'écrie :
— Ils sont ici ! Ils sont ici !
— Ah non ! Un autre message, dit Charbon.

23 rayons à séparer ainsi :

- Pour Coucou :
autant de rayons
qu'il y a de doigts
dans une main d'enfant.

- Pour Chocolat :
1 rayon de moins
que Coucou.

- Pour Charbon :
3 rayons de plus
que Coucou.

Les autres rayons
doivent servir
de provisions.

De beaux rêves

Après avoir vérifié et revérifié,
les trois oursons dégustent
enfin leur collation.
Puis, le museau plein de sucre,
ils s'endorment.
Dans leurs rêves,
les rayons du soleil
se transforment...
en rayons de miel.

F rançais JE COMPRENDS L'HISTOIRE

1. À leur réveil, les oursons ont de la difficulté à bouger dans leurs vêtements. Qui leur explique ce qui leur arrive ?

   • Dis dans tes mots ce qui leur arrive.

2. Les oursons se camouflent pour se rendre à la ruche. Avec quoi se couvrent-ils ?

3. Les oursons ont suivi les indications laissées par les abeilles sur le plan. Qu'est-ce qu'ils ont trouvé ?

M athématique JE COMPTE SUR TOI

1. Trouve combien d'heures de marche il a fallu aux oursons pour arriver à la clairière.

2. Aide les trois oursons à découvrir la cachette des rayons de miel.

   Dans le premier message, les oursons doivent faire des pas de loup.

   • Tu sais que le pas de loup de Chocolat est plus long que celui de Charbon.
   • Le pas de loup de Coucou est le plus court.

   À ton avis, qui fait le plus long pas de loup ?

3. Résous le problème posé dans le message de la page 16.

   Combien de rayons y aura-t-il pour :

   • Coucou ?
   • Chocolat ?
   • Charbon ?

Message secret

Voici un message secret. Chaque voyelle correspond à un chiffre.

| a ① | e ② | i ③ | o ④ | u ⑤ | y ⑥ |

● Pour découvrir le message, écris la lettre qui correspond à chaque chiffre.

Écris sur une feuille ou dans un cahier.

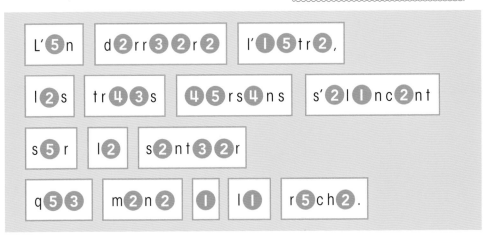

L'⑤n d②rr③②r② l'①⑤tr②,

l②s tr④③s ④⑤rs④ns s'②l①nc②nt

s⑤r l② s②nt③②r

q⑤③ m②n② ① l① r⑤ch②.

Réponses

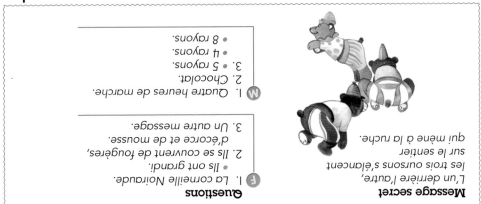

Message secret

L'un derrière l'autre, les trois oursons s'élancent sur le sentier qui mène à la ruche.

Ⓕ **Questions**

1. La corneille Noiraude.
   ● Ils ont grandi.
2. Ils se couvrent de fougères, d'écorce et de mousse.
3. Un autre message.

Ⓜ 1. Quatre heures de marche.
2. Chocolat.
3. ● 5 rayons.
   ● 4 rayons.
   ● 8 rayons.